essentials

Springer Essentials sind innovative Bücher, die das Wissen von Springer DE in kompaktester Form anhand kleiner, komprimierter Wissensbausteine zur Darstellung bringen. Damit sind sie besonders für die Nutzung auf modernen Tablet-PCs und eBook-Readern geeignet. In der Reihe erscheinen sowohl Originalarbeiten wie auch aktualisierte und hinsichtlich der Textmenge genauestens konzentrierte Bearbeitungen von Texten, die in maßgeblichen, allerdings auch wesentlich umfangreicheren Werken des Springer Verlags an anderer Stelle erscheinen. Die Leser bekommen „self-contained knowledge" in destillierter Form: Die Essenz dessen, worauf es als „State-of-the-Art" in der Praxis und/oder aktueller Fachdiskussion ankommt.

Ralf T. Kreutzer

Konzepte und Instrumente des Dialog-Marketings

Prof. Dr. Ralf T. Kreutzer
Hochschule für Wirtschaft und
Recht Berlin
Deutschland

ISSN 2197-6708
ISBN 978-3-658-04953-9
DOI 10.1007/978-3-658-04954-6

ISSN 2197-6716 (electronic)
ISBN 978-3-658-04954-6 (eBook)

Die Deutsche Nationalbibliothek verzeichnet diese Publikation in der Deutschen Nationalbibliografie; detaillierte bibliografische Daten sind im Internet über http://dnb.d-nb.de abrufbar.

Springer VS

Gedruckt auf säurefreiem und chlorfrei gebleichtem Papier

Springer VS ist eine Marke von Springer DE. Springer DE ist Teil der Fachverlagsgruppe Springer Science+Business Media
www.springer-vs.de

Vorwort

Der vorliegende Beitrag wurde ursprünglich im Reader „Grassroots-Campaigning“, herausgegeben von Rudolf Speth, veröffentlicht (erschienen 2013 im Verlag Springer VS). Die seit diesem Zeitpunkt relevanten Veränderungen wurden bei der Überarbeitung des Beitrags berücksichtigt.

Berlin, im Dezember 2013 Ralf T. Kreutzer

Inhaltsverzeichnis

1 Einleitung

Dialog-Marketing wird von immer mehr Unternehmen, Verbänden, Organisationen und auch von sozialen Bewegungen eingesetzt, um dem eigenen Anliegen Gehör zu verschaffen und den Return on Marketing Investment nachhaltig zu steigern. Die Instrumente des Dialog-Marketings ermöglichen es, die Effizienz und Effektivität von Marketing-Aktivitäten gezielt zu messen und damit zu bewerten. Die Einsatzfelder des Dialog-Marketings umfassen zum einen den Bereich der Gewinnung von Befürwortern, Unterstützern und Kunden (im Folgenden durchgängig Kunden genannt), für den vielfältige Konzepte bestehen. Darüber hinaus stellen die Entwicklung der dafür entstandenen Beziehung und die langfristige Bindung an die eigene Organisation einen zentralen Handlungsschwerpunkt des Dialog-Marketings dar. Grundlage hierfür sind umfassende Informationen über die eigenen Interessenten und Kunden. Diese Informationen ermöglichen eine Ermittlung des jeweiligen Kundenwertes und eine darauf aufbauende individualisierte Ansprache und Betreuung. Hierdurch werden die Voraussetzungen für den Aufbau eines Customer-Relationship-Managements (CRM) geschaffen, das für Verbände und Parteien als Mitglieder-Beziehungs-Management verstanden werden kann.

R. T. Kreutzer, *Konzepte und Instrumente des Dialog-Marketings*, essentials,
DOI 10.1007/978-3-658-04954-6_1, © Springer Fachmedien Wiesbaden 2014

Grundlagen des Dialog-Marketings 2

2.1 Kennzeichnung des Dialog-Marketings

Dialog-Marketing begegnet uns heute in einer Vielzahl der unterschiedlichsten Erscheinungsformen. **Mailings** und **Postwurfsendungen**, die regelmäßig in unseren Briefkästen zu finden sind, zählen zum Dialog-Marketing. Auch gewünschte und unerwünschten **Telefonanrufe, Twitter-Messages** und **SMS** von Unternehmen, **Werbe-E-Mails** sowie die Vielzahl der **Kundenbindungskonzepte** gehören zum Dialog-Marketing. Ebenso zählen **Werbebanner** und **Sponsored-Links** im Internet dazu. Ins Dialog-Marketing gehören auch spezifische **Anzeigenformate**, die zu einer unmittelbaren Reaktion auffordern. Schließlich sind auch die Kontakte zum **Außendienst** oder zu einem **Customer-Service-Center** zum Dialog-Marketing zu rechnen (vgl. Abb. 2.1). Dabei begegnen uns diese Instrumente im Profit- und Non-Profit-Markt gleichermaßen – wenn auch in unterschiedlicher Intensität.

Was haben alle diese Kommunikationsformen gemeinsam?

Die Aufforderung zum Einstieg in einen Dialog!

Folgende Zielgruppen können im Mittelpunkt des angestrebten Dialoges stehen:

- **Ist- und Wunsch-Kunden** (für die Kernleistung des Unternehmens bzw. der Organisation),
- **potenzielle Mitarbeiter**,
- **allgemeine Öffentlichkeit** (bspw. hinsichtlich der Akzeptanz von Atomenergie und Windrädern, Gen-Produkten oder neue Technologien),
- **Gesetzgeber** (etwa bzgl. rechtlicher Rahmenbedingungen für Forschung und Industrieansiedlung, bspw. durch Subventionen oder Steuervorteile) oder
- **Kooperationspartner** auf den Beschaffungs- und Absatzmärkten (bspw. zur gemeinsamen Erschließung von Auslandsmärkten, einer kooperativen Produktentwicklung oder gemeinsamen Forschungsaktivitäten).

R. T. Kreutzer, *Konzepte und Instrumente des Dialog-Marketings*, essentials,
DOI 10.1007/978-3-658-04954-6_2, © Springer Fachmedien Wiesbaden 2014

Abb. 2.1 Erscheinungsformen des Dialog-Marketings

Die **Dialog-Marketing-Instrumente** zielen darauf ab, eine unmittelbare Beziehung und damit gleichsam einen Dialog mit den angesprochenen Zielpersonen zu eröffnen. Da hierzu i. d. R „direkte" Reaktionen des Angesprochenen angestrebt werden, wird der Begriff des **Direkt-Marketings** und des **Dialog-Marketings** häufig synonym verwendet. Häufig, wenn von Dialog- oder Direkt-Marketing gesprochen wird, ist im Kern die Dialog- bzw. Direktkommunikation gemeint. Diese **Dialogkommunikation** umfasst im Kern alle Aktivitäten, die sich einer **einstufigen (direkten) Kommunikation** bedienen, um Zielgruppen möglichst gezielt zu erreichen (vgl. Kreutzer 2009, S. 1–16). Dies gelingt bspw. durch Telefonanrufe, Mailings, E-Mails, SMS oder einen Außendienstbesuch bei den anvisierten Unternehmen bzw. deren Repräsentanten. Zur Dialogkommunikation gehören auch die Aktivitäten, die sich einer **mehrstufigen Kommunikation** bedienen, um einen direkten individuellen Kontakt herzustellen. Hierzu zählen Anzeigen mit der Aufforderung an den Leser, bspw. eine aufgespendete Responsekarte einzusenden, eine Telefonnummer anzurufen oder auf die Homepage des entsprechenden Unternehmens zu gehen. Ein TV-Spot wird zu einem Instrument der Dialogkommunikation, wenn eine direkte Reaktionsmöglichkeit (bspw. eine Bestellhotline oder eine Aktionszentrale zur Abforderung von Informationen) ausgelobt wird, auf der sich Zielpersonen wichtige Informationen anfordern können. Hier wird folglich versucht, den Angesprochenen zu einer unmittelbaren Reaktion i. S. einer **Direct-Response** (DR) zu bewegen. Folglich zählen alle **Marketing-Instrumente, die auf**

eine unmittelbare Reaktion der Zielpersonen abheben, ebenfalls zum Dialog-Marketing. Die Zielsetzung besteht darin, den **Zuschauer, Zuhörer oder Leser aus seiner Anonymität herauszuführen** und ihn **direkt adressierbar zu machen**. Erst wenn eine Adresse vorliegt, kann eine direkte Interaktion bzw. ein Dialog mit der dahinter stehenden Person beginnen.

Von **Direktkommunikation** und nicht von Direktwerbung ist so lange zu sprechen, wie deutlich wird, dass beim Einsatz der entsprechenden Kommunikationsinstrumente nicht zwangsläufig Werbeziele im Mittelpunkt stehen. So kann bspw. ein Interessensverband der pharmazeutischen Industrie wichtige Politiker per Mailing ansprechen, um diese zu einer bestimmten Intervention bei anstehenden Gesetzgebungsverfahren zu motivieren. Dabei stehen der PR zuzurechnende Ziele im Mittelpunkt. Von **Dialog- bzw. Direktwerbung** ist folglich nur dann zu sprechen, wenn direkt wirkende bzw. auf einen Dialog abzielende Kommunikationsinstrumente zur Erreichung werblicher Ziele eingesetzt werden. Dies ist bspw. dann der Fall, wenn Coupons versandt werden, die unmittelbar einen Verkauf auslösen sollen, bspw. beim Werben um Leser für eine Fachzeitschrift oder als Vorbereitung auf den Besuch bei einer Messe.

2.2 Entwicklung der Bedeutung des Dialog-Marketings

Bis in die 60er und 70er Jahre des letzten Jahrhunderts hinein dominierte sowohl bei der Ansprache wie auch bei der Leistungserbringung das Prinzip **One-to-mass** (vgl. Abb. 2.2). Hiermit verbunden waren eine weitgehend **undifferenzierte Kundenansprache** und die **Vermarktung standardisierter Angebote**. Die zunehmende Entstehung von Käufermärkten erforderte von den Unternehmen eine stärkere Berücksichtigung segmentspezifischer Anforderungen – in Kommunikation und Leistungserbringung gleichermaßen. Die Möglichkeit zur Umsetzung des Prinzips **One-to-many** wurde durch die zunehmende Verbreitung von IT-gestützten Lösungskonzepten in Kommunikation und Produktion möglich. In den 80er und 90er Jahren wurde eine umfassende Marktsegmentierung Grundlage vieler Unternehmens- und Marketing-Strategien, die in Form einer **zielgruppenspezifischen Kommunikation** sowie einer **Differenzierung der Leistungserbringung** – orientiert an den Erwartungen der Zielgruppen – erfolgte.

Mit dem verstärkten Aufkommen von **Bindungsprogrammen** in den 90er Jahren bei Profit- wie Non-Profit-Organisationen gleichermaßen sowie durch den Begriff **Customer-Relationship-Management** (CRM) wurde in der Kommunikation der Schritt zum **One-to-one** systematisch vorbereitet. Zielsetzung dabei wurde es, die Zielpersonen systematisch in den Mittelpunkt der Kommunikation zu stellen

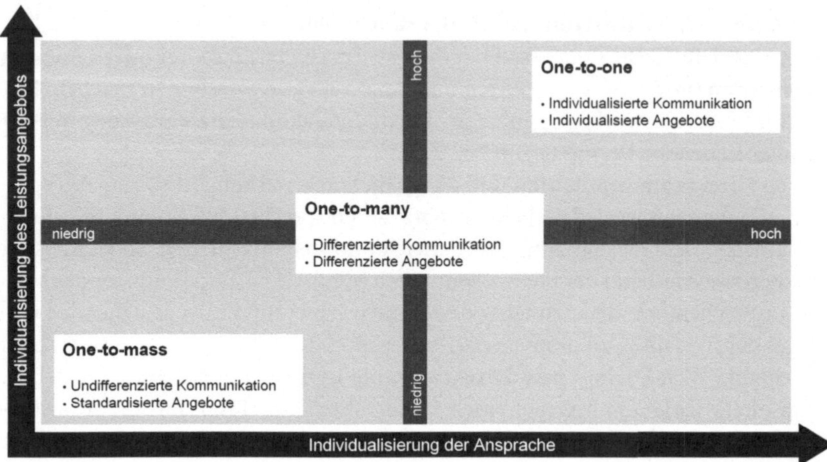

Abb. 2.2 Veränderungen des Differenzierungsgrades in Kommunikation und Leistungserbringung

und diesen differenziert zu betreuen. Diese **Personalisierung und Individualisierung der Ansprache** orientiert sich dabei am spezifischen Wissen über das Unternehmen und seine Repräsentanten sowie an der individuellen Historie dieser zum eigenen Unternehmen. Bei der Umsetzung dieser individualisierten Ansprache kommt dem Dialog-Marketing eine Schlüsselstellung zu. Im Vergleich zu den klassischen Kommunikationsinstrumenten, die häufig einen vorrangigen Beitrag zum Imageaufbau leisten sollen und können, dient die Dialog-Kommunikation i. d. R. sehr viel stärker als aktionsvorbereitendes bzw. eine Aktion unmittelbar auslösendes Instrument. Hierbei gilt: Häufig dominiert der Handlungsappell das Ziel eines Imageaufbaus. Hierdurch wird nachvollziehbar, dass die klassischen und die dialogorientierten Kommunikationsinstrumente in integrierten Konzepten eingebunden werden müssen, um die vorhandenen synergetischen Effekte zu erschließen.

Welche Bedeutung dem Online-Marketing generell und dessen unterschiedlichen Instrumenten heute zukommt, kann der regelmäßig von der *Deutschen Post* durchgeführten Studie *Dialog Marketing Monitor (DMM)* entnommen werden. Hierzu wurden 2.709 Marketing-Verantwortliche bzgl. der Marketing-Aktivitäten ihres Unternehmens in Deutschland im Jahr 2012 befragt (vgl. Deutsche Post 2013, S. 5). Wie der Werbemarkt von der *Deutschen Post* strukturiert wird, zeigt Tab. 2.1. Hierbei ergibt sich die wichtige Unterscheidung zwischen **Klassikmedien**, die nicht zum Einstieg in den Dialog auffordern, sowie den **Dialog-Marketing-Medien** und den **Medien mit Dialogelementen**. Die Online-Instrumente sind in

Tab. 2.1 Struktur des Werbemarktes. (Quelle: Deutsche Post 2013, S. 10)

Klassikmedien	Dialog-Marketing-Medien	Medien mit Dialogelementen
TV-Werbung Funkwerbung	Volladressierte Werbesendungen Teiladressierte Werbesendungen Unadressierte Werbesendungen	Faxwerbung
Anzeigenwerbung	Aktives Telefon-Marketing Passives Telefon-Marketing	Aktionen in Geschäften, z. B. Promotion, Couponing
Beilagenwerbung	E-Mail-Marketing	Kundenzeitschriften
Plakatwerbung Außenwerbung	Eigene Website (Aufbau und Pflege der Homepage)	Messen
Kinowerbung	Externes Online-Marketing (Display- oder Video-Werbung, Suchmaschinen-Marketing, Affiliate-Marketing, Social-Media-Marketing, Mobile Display Advertising)	SMS-Werbung

dieser Studie in den beiden letztgenannten Gruppen angesiedelt. Es wird zwischen E-Mail-Marketing, dem Internet-Auftritt, dem externen Online-Marketing sowie zwischen Telefon- und Mobile-Marketing unterschieden.

Der *DMM 2013* weist aus, dass 2012 von den **75,8 Mrd. € Werbeausgaben** (umfasst interne und externe Werbeaufwendungen) in Deutschland 36 % für Dialog-Marketing-Medien und 27 % für Medien mit Dialogelementen eingesetzt wurden. Damit stellt die direkte Kundenansprache einen wesentlichen Teil des gesamten Werbemarktes in Deutschland dar. Die verbleibenden 37 % wurden in Klassikmedien eingesetzt, die keine direkte Reaktion des Umworbenen anstreben. Zu den **Klassikmedien** zählen mit dem größten Budgetanteil die klassischen Anzeigen (12,3 Mrd. €), gefolgt von der TV-Werbung (6,2 Mrd. €) und der Beilagenwerbung (4,7 Mrd. €; vgl. Deutsche Post 2013, S. 10).

Das – in Gesamtbudget erfasste – wichtigste Einzelmedium des **Dialog-Marketings**, das in Summe eine direkte Interaktion zwischen Unternehmen und (potenziellen) Kunden anstrebt, stellt auch im Jahr 2012 der volladressierte Werbebrief dar (vgl. Abb. 2.3). In diesen haben Unternehmen im Jahr 2012 9,2 Mrd. € investiert; zusätzlich wurden 2,5 Mrd. € für teil- und unadressierte Werbesendungen ausgegeben. Das **Investment in Werbesendungen** lag somit bei **11,7 Mrd. €**. Die Aktivitäten im **Internet-basierten Online-Marketing** summieren sich im Jahr 2012 bereits auf 12,6 Mrd. €. Dazu zählen die eigene Website mit 6,1 Mrd. €, das ex-

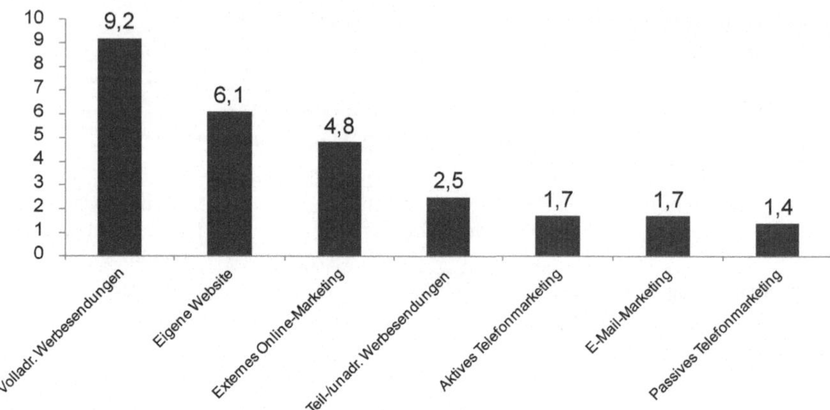

Abb. 2.3 Budgeteinsatz der Dialog-Marketing-Medien 2012 in Deutschland – in Mrd. € (repräsentative Studie, $n = 2.709$). (Quelle: Deutsche Post 2013, S. 12)

terne Online-Marketing mit 4,8 Mrd. € und das E-Mail-Marketing mit 1,7 Mrd. €. Werden hierzu noch die Investitionen in Telefon-Marketing (aktiv/passiv) von 3,1 Mrd. € addiert, belaufen sich die **Gesamtaufwendungen für Online-Marketing** im Jahr 2012 bereits auf **15,7 Mrd. €** und übersteigen damit die Aufwendungen für Werbesendungen (vgl. Deutsche Post 2013, S. 12). Eine Detailauswertung zeigt, dass die Ausgaben für **Dialog-Marketing-Medien** insgesamt gestiegen sind; nur für E-Mail-Marketing und für das externe Online-Marketing wurde unwesentlich weniger ausgegeben (vgl. Deutsche Post 2013, S. 12, 14).

Bei den **Medien mit Dialogelementen** dominieren die Messen den Budgeteinsatz mit 15,2 Mrd. € deutlich, gefolgt von den Investitionen in Kundenzeitschriften (2,8 Mrd. €) und Aktionen in Geschäften, wie z. B. Promotion und Couponing (2,2 Mrd. €). SMS-Werbung und Faxwerbung mit jeweils 0,1 Mrd. € folgen mit deutlichem Abstand (vgl. Deutsche Post 2013, S. 13). Hierbei sei angemerkt, dass Couponing m. E. kein eigenständiges Medium ist, da es „lediglich" eine besondere Form der Vorteilsgewährung darstellt. Es bedient sich anderer hier genannter Instrumente, um Coupons über Promotionaktionen, Kundenzeitschriften oder über Mailings und Anzeigen zu distribuieren.

2.3 Erfolgsfaktoren des Dialog-Marketings

Worauf ist zurückzuführen, dass die Instrumente des Dialog-Marketings einen gewichtigen Anteil an den Werbebudgets der Unternehmen gewonnen haben? Welche Erfolgsfaktoren liegen der zunehmenden Bedeutung des Dialog-Marketings zugrunde?

- **Stärkere Fokussierung auf einzelne Zielgruppen**
Einige Instrumente des Dialog-Marketings (bspw. Mailings, Telefon-Marketing, E-Mail, Außendienst) erlauben eine Fokussierung auf einzelne Zielgruppen. So können Mailings ganz gezielt an angemietete Adressen von Zielpersonen versandt werden, bei denen ein hohes Interesse am eigenen Angebot unterstellt wird.
- **Individualisierung der übermittelten Botschaften**
Teilweise bieten die eingesetzten Instrumente die Möglichkeit – auch aufgrund der oben genannten Fokussierung – eine Individualisierung der übermittelten Botschaften im Hinblick auf die Zielperson vorzunehmen. Dies gelingt bspw. bei Außendienstbesuchen, Telefonanrufen und Anschreiben, in denen aufgrund einer bestehenden Kundenhistorie oder auf Basis von Informationen über anstehende Projekte des potenziellen Kunden maßgeschneiderte Angebote unterbreitet werden.
- **Angebot einer unmittelbaren Reaktionsmöglichkeit**
Instrumente des Dialog-Marketings können aufgrund einer unmittelbaren Handlungsaufforderung teilweise eine **höhere Aufmerksamkeit** erzielen. Denn im Gegensatz zu den klassischen Monolog-Instrumenten stellen die Dialog-Instrumente **keine kommunikative Einbahnstraße** dar. Unabhängig davon, ob es sich um eine Response-Anzeige, einen Werbebrief oder einen Werbebanner im Internet handelt – der Angesprochene kann unmittelbar reagieren.
- **Persönliche Interaktion**
Beim Telefon-Marketing, auf Messen oder im Zuge des Außendiensteinsatzes steht der **unmittelbare Dialog** im Zentrum. Hier besteht nicht nur die Möglichkeit, eine Vielzahl von Informationen im direkten Gespräch zu gewinnen, sondern auch individualisierte Lösungen zu präsentieren.
- **Einsetzbarkeit auch bei kleinen Budgets für Kommunikation**
Viele Instrumente des Dialog-Marketings lassen sich auch bei **kleinen Budgets** realisieren. Die Anmietung von 100 Adressen ist dabei ebenso möglich, wie die telefonische Ansprache von 50 Personen, die gezielt für eine Kampagne als Unterstützer gewonnen werden sollen.
- **Bewertbarkeit der Ergebnisse der Dialog-Marketing-Instrumente**
Da die Instrumente des Dialog-Marketings immer auf eine unmittelbare Reaktion der angesprochenen Personen abzielen, ergeben sich hierdurch „systembedingt“ sehr schnell **Reaktionsdaten**, die die Erfolgsträchtigkeit der eingeleiteten Maßnahmen zeigen.
- **Transparente Datengrundlagen und vernetzte Systeme**
Grundlage für einen zielorientierten Einsatz der Instrumente des Dialog-Marketings stellen „sprechende Daten“ dar. Die Technik stellt immer **leistungsfähi-**

gere Systeme zur Verfügung, um Daten und Auswertungen verfügbar zu haben. Voraussetzung für einen erfolgreichen Einsatz ist allerdings, dass diese Daten eine **einheitliche Sicht** auf die Zielgruppen ermöglichen und **entscheidungsorientiert in kunden- und interessentenbezogene Prozesse integriert** werden.

Damit die Instrumente des Dialog-Marketings die hier aufgezeigten Vorteile für den gesamten Marketing-Auftritt erreichen können, ist eine umfassende **Integration der Instrumente des Dialog-Marketings in das gesamte Marketing-Konzept** erforderlich. Vielfach ist in Organisationen noch immer festzustellen, dass klassische und direkte Kommunikation in verschiedenen organisatorischen Einheiten verantwortet werden. Zusätzlich sind i. d. R auch unterschiedliche Agenturen für PR, Werbung, Dialog-Marketing, POS-Marketing, Event-Marketing und Online-Marketing zuständig. Dabei sind zwischen Abteilungen und/oder Verantwortungsträgern häufig **kognitive Firewalls** vorhanden, die eine zielorientierte Kommunikation zur Integration der verschiedenen Maßnahmen deutlich erschweren – häufig zu Lasten eines überzeugenden Auftritts gegenüber den Zielpersonen.

Dabei ist zu berücksichtigen, dass der **Empfänger der Botschaften** der Kommunikation häufig der einzige ist, der feststellt, ob die einzelnen Kommunikationsmaßnahmen umfänglich aufeinander abgestimmt sind. Solange immer wieder klassische Anzeigen mit einem Verweis auf eine Homepage zu finden sind, die zum Schaltzeitpunkt nicht aktiv oder nicht mit den ausgelobten Informationen bestückt ist, bleiben wichtige **synergetische Potenziale einer integrierten Kommunikation** ungenutzt. Dies gilt es durch einen **integrativen Planungs- und Implementierungsprozess** zu vermeiden, der alle kundenorientiert ausgerichteten Aktivitäten zusammenführt. Die Frage lautet folglich nicht, ob Dialog-Marketing eine integrierte Kommunikation unterstützen kann; Dialog-Marketing muss vielmehr selbst integraler Bestandteil der integrierten Kommunikation sein.

2.4 Einordnung des Dialog-Marketings ins CRM

Dialog-Marketing hat im Zuge der sich immer stärker vollziehenden Etablierung des **CRM** in Unternehmen der unterschiedlichsten Branchen an Bedeutung gewonnen. CRM ist ein konzeptioneller Ansatz im Marketing, der eine **ganzheitliche, Einzelkunden-orientierte Betreuung von Zielpersonen** im Rahmen des **Kundenbeziehungslebenszyklus** durch **integrierte Marketing-Maßnahmen** anstrebt. Im Kern geht es damit – orientiert an den Begriffen „Customer", „Relationship" und „Management" – um das **zielorientierte Ausgestalten von Beziehungen zu den gewünschten Zielpersonen**, also bspw. Spendern, Unterstützern oder Kunden. Die

Grundlage hierfür bildet eine **Datenbank**, die die erforderlichen Informationen für die Schaffung von Mehrwert in der Beziehung zwischen Unternehmen und Kunden bereitstellt (vgl. weiterführend Kreutzer 2009, S. 20–25). Beim CRM stehen folgende Zielgruppen im Mittelpunkt:

- **Wunsch- oder Ziel-Kunden**, die ein Unternehmen für sich gewinnen möchte,
- **Interessenten**, d. h. Unternehmen bzw. deren Repräsentanten, die bereits ein generelles Interesse an den Leistungen des Unternehmens gezeigt haben und adressmäßig erfasst sind,
- **gegenwärtige und ehemalige Kunden**, die nach dem Kaufakt weiter zu betreuen und für zusätzliche Käufe zu begeistern sind.

Die **Ziele des CRMs** lassen sich wie folgt konkretisieren:

- **Informationsziele**
  Im Rahmen des CRM sollen bestimmte **Informationen** über die eigene Organisation, deren Kultur, Leistungsprogramm, Stellung im Markt etc. an Ziel-/Wunsch-Kunden sowie bestehende Kunden und Interessenten des Unternehmens **übermittelt** werden. Dabei stehen die Bekanntmachung des Unternehmens und dessen Leistungen an erster Stelle. Gleichzeitig strebt das Unternehmen allerdings auch die **Gewinnung von Informationen** über die Zielpersonen und/oder Zielunternehmen an.
- **Beeinflussungsziele**
  Die Bereitstellung von Informationen erfolgt nicht als Selbstzweck, sondern dient wiederum der Erreichung übergeordneter Ziele. So soll bspw. durch die **Kommunikation ein bestimmtes Bild bzw. Image des Unternehmens** bei Ziel-/Wunschkunden, Interessenten oder Kunden entstehen. Der Einsatz verschiedener Instrumente erfolgt mit dem Ziel, die Wahrnehmung und Bewertung eines Unternehmens und dessen Leistungen durch Dritte zu beeinflussen. Damit soll deren Einstellung zum Unternehmen, zu dessen Angeboten und Mitarbeitern in einer bestimmten Richtung geprägt und folglich ein bestimmtes Image aufgebaut werden.
- **Steuerungsziele**
  Schließlich sollen durch die Veränderung von Einstellungen sowie durch die Präsentation von konkreten Produkten und Lösungen bestimmte Verhaltensweisen erreicht werden. Dies kann die Abforderung von Informationen über eine neue Partei oder das Spendenformular einer Fundraising-Organisation oder unmittelbar eine Spende an *Greenpeace* sein. Dabei wird deutlich: Es ste-

hen bestimmte **Verhaltensweisen** im Mittelpunkt, die ein Unternehmen durch Instrumente des Dialog-Marketings im Rahmen des CRM zu erreichen sucht.

Eine **Einzelkunden-bezogene Betreuung** setzt eine umfassende **Transparenz der Interessenten und Kunden**, die das Unternehmen z. Zt. bedient, voraus:

- Welche Art von Interessenten und Kunden hat ein Unternehmen bisher gewonnen?
- Wodurch zeichnen sich die Ansprechpartner bzw. die entsprechenden Unternehmen aus?
- Wie groß ist dabei der Anteil, die dem vom Unternehmen definierten „Beuteraster", d. h. den angestrebten Kundenprofilen, entsprechen?
- Wie hoch ist der Kundenwert bei den einzelnen Kunden oder Kundengruppen?

Ohne eine solche Transparenz können keine zielführenden weiteren Maßnahmen zur Kundengewinnung i. S. einer **Erhöhung der Anzahl an Zielkunden** durchgeführt werden. Denn erst durch die Schaffung der entsprechenden Transparenz im Unternehmen wird deutlich, welches eigentlich die „gewünschten" Zielkunden eines Unternehmens sind. Außerdem werden nur durch eine umfassende Transparenz bzgl. der eigenen Kundenstruktur Ansatzpunkte zur **Steigerung des Kundenwertes** i. S. des Lösungsbeitrags einer Zielperson für die eigene Organisation ersichtlich.

Zur Erreichung dieser übergeordneten Ziele sind bspw. folgende Zwischenziele zu definieren:

- **Adressgenerierung**, bspw. durch Coupon-Anzeigen, Messeauftritte, Sponsored Links oder Werbebanner
- **Interessenten- bzw. Neukunden-Gewinnung** durch ein- oder mehrstufige Aktionen offline und im Internet (vgl. zum Online-Marketing Kreutzer 2012)
- **Vorbereitung einer Produkteinführung im Handel**
- **Förderung der Bindung wichtiger Kunden**, in dem diese einen „Care-Call" oder ein „Streichel-Mailing" zur Festigung der Kundenbeziehung erhalten oder zu einem Kundenevent eingeladen werden
- **Ausschöpfung von Cross- und Up-Sell-Potenzial**, in dem zielgruppenspezifische Angebote an bestehende Kunden versandt werden
- **Reaktivierung inaktiver Kunden**, bspw. durch „Aufmunterungs-Mailings", in denen die Attraktivität des Leistungsangebots nochmals verdeutlich wird

- **Rückgewinnung von Kündigern**, in dem diese per Telefon-Marketing oder durch den Außendienst angesprochen und mit attraktiven Angeboten zum Bleiben motiviert werden
- **Beeinflussung der Willensbildung bei politischen Entscheidungsträgern**, in dem diese über eine konzertierte Mailing- und Telefon-Aktion auf die Auswirkung eines geplanten Gesetzgebungsverfahrens hingewiesen werden
- **Unterstützung des Außendienstes**, in dem dessen Einsatz in einem vorlaufenden Mailing avisiert wird
- **Vor- und Nachbereitung eigener Messeaktivitäten**, um zum einen die gewünschten Teilnehmer gezielt anzusprechen und die Messebesucher zeitnah mit den gewünschten Informationen zu versorgen (vgl. hierzu vertiefend Kreutzer 2007)

Eine besondere Bedeutung kommt der **Planung der Execution** (i. S. der Umsetzung) **bei Dialog-Maßnahmen** zu. Im Gegensatz zu klassischen Anzeigen, die keine unmittelbaren Reaktionen der Zielpersonen auslösen sollen, fordern Dialog-Instrumente zur unmittelbaren Reaktion heraus. Auf diese sind alle relevanten **Customer-Touch-Points**, d. h. die Anlaufstellen für Kunden, vorzubereiten. Dies gilt für den Außendienst genauso wie für ein Customer-Service-Center, in dem nach der Schaltung entsprechender Maßnahmen ein verstärkter Telefon-, E-Mail-, Fax- und/oder Mail-Eingang zu verzeichnen sein wird. Hierzu sind zunächst die für eine Nachbereitung der dabei entstehenden Kontakte erforderlichen Mitarbeiter einzuplanen und mit einem entsprechenden Briefing hinsichtlich der Aktion zu versehen. Treffen Interessenten dagegen auf schlecht vorbereitete Mitarbeiter oder ist das Customer-Service-Center dauernd belegt, ist der Erfolg der Aktion gefährdet. Zusätzlich muss eine **Planung der Erfolgskontrolle** erfolgen, um aus den Erkenntnissen abgeschlossener Aktionen zu lernen.

Konzeptionelle Grundlagen des Dialog-Marketings

3

3.1 Kundenwert als zentrale Steuerungsgröße des Dialog-Marketings

Viele der nachfolgenden Fragen bleiben heute in Unternehmen nach wie unbeantwortet:

- Wer sind meine „besten" Kunden und woran wird „das Beste" gemessen (Umsatz/Deckungsbeitrag – als Vergangenheits-/Ist-Wert oder als Prognose)?
- Wie loyal sind die Kunden und woran wird „Loyalität" gemessen (Länge der Kundenbeziehung, Umsatzhöhe – absolut oder relativ i. S. Share of Wallet)?
- Auf welche Segmente werden heute Kundenbindungsmaßnahmen fokussiert – und warum?
- Über welche Akquisitionswege und -maßnahmen werden die besten/schlechtesten Kunden gewonnen – und warum?
- Durch welche Angebote werden die besten/schlechtesten Kunden gewonnen – und warum?
- Durch welche Betreuungsmaßnahmen werden Kunden am effizientesten gebunden – und warum?

Wenn solche Fragen nicht oder nicht fundiert beantwortet werden können, erreicht die Marketing-Steuerung weder ihre **Effektivitäts- noch ihre Effizienzziele**. Hieraus ergibt sich folglich die Notwendigkeit, ein **tragfähiges Bewertungskonzept** einzusetzen, welches hilft, die o. g. Fragen zu beantworten. Die qualifizierte Ermittlung des **Kundenwertes** stellt folglich die **Grundlage für ein wertorientiertes Kundenmanagement** dar. Hierunter ist die Entwicklung von Konzepten zu verstehen, die zur **Auswahl und Bearbeitung profitabler Kundenbeziehungen** beitragen. Auf diese Weise wird deutlich, dass beim wertorientierten Kundenmanagement zwei Aufgaben zentral sind: zum einen die **Auswahl der zu gewinnenden und zu**

R. T. Kreutzer, *Konzepte und Instrumente des Dialog-Marketings*, essentials,
DOI 10.1007/978-3-658-04954-6_3, © Springer Fachmedien Wiesbaden 2014

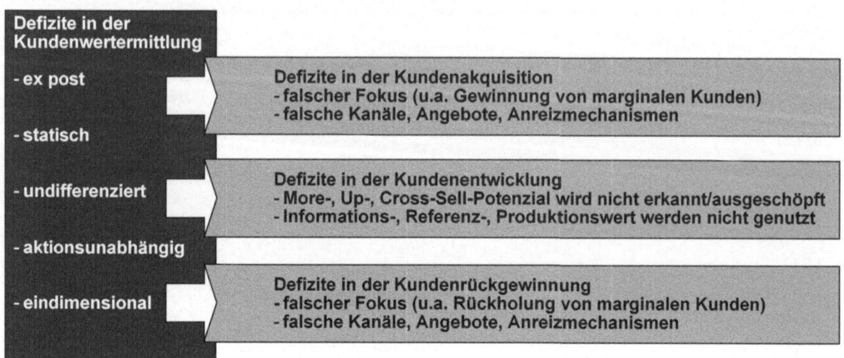

Abb. 3.1 Fehlerquellen in der Kundensteuerung. (in Anlehnung an Helm und Günter 2006, S. 24)

behaltenden Kunden, zum anderen die **Ausgestaltung der Kundenbetreuung**, die sich am jeweiligen Kundenwert orientiert.

Die **Aufgaben eines wertorientierten Kundenmanagements** können als Selektion, Aufbau, Gestaltung, Erhaltung und Beendigung von Geschäftsbeziehungen zu einzelnen Kunden oder Kundengruppen auf Basis derer Wertbeiträge zu definierten Unternehmenszielen gekennzeichnet werden (vgl. Helm und Günter 2006, S. 11). Diese Wertbeiträge werden – da sie vom Kunden herrühren – auch als **Kundenwert** bezeichnet. Ihrer Ermittlung kommt folglich ein zentraler Stellenwert zu.

Die **dominierenden Fehlerquellen**, die beim Aufbau eines wertorientierten Kundenmanagements beseitigt werden müssen, sind in Abb. 3.1 aufgezeigt. Zunächst einmal findet häufig eine **Kundenwertermittlung ex post** statt, ohne kritisch zu hinterfragen, ob das von Kunden in der Vergangenheit gezeigte Verhalten auch in der Zukunft zu erwarten ist. Durch eine solche Vorgehensweise wird folglich systematisch verhindert, dass Kunden mit Entwicklungspotenzial erkannt und folglich auch angemessen bearbeitet werden können. Ein weiterer Kritikpunkt sind **statische Modelle**, die auf eine reine Trendextrapolation nach dem Motto „mehr vom Gleichen" setzen, ohne mögliche Systembrüche (auch Diskontinuitäten genannt) zu antizipieren und bei der Kundenwertermittlung zu berücksichtigen.

Ein **undifferenzierter Ansatz** liegt dann vor, wenn bei der Kundenwertermittlung nicht berücksichtigt wird, dass sich unterschiedliche Kundengruppen im Zeitablauf verschieden entwickeln können. Bei einer **Eindimensionalität der Kundenwertermittlung** wird lediglich ein Kriterium zur Wertermittlung herangezogen. Häufig ist dies der Umsatz, ohne zu berücksichtigen, dass dieser nicht bei allen Kundengruppen positiv mit Deckungsbeitrag korreliert. Dies gilt analog auch für ein mögliches Spendenaufkommen einer Zielperson. Zusätzlich ist die **Aktionsun-**

abhängigkeit der Kundenbewertung zu kritisieren. Dabei bleibt unberücksichtigt, dass ein großer Unterschied hinsichtlich des Kundenwertes vorliegen kann, je nachdem, über welchen Weg ein Kunde angesprochen bzw. welches Angebot diesem unterbreitet werden soll.

Die Folgen eines solchen Vorgehens sind **Defizite in der Kundenakquisition**. Durch eine ungenügende Kundenwertermittlung werden u. U. marginale, d. h. nur noch „am Rande" für ein Unternehmen relevante Kunden gewonnen, die keine oder negative Deckungsbeiträge erwirtschaften. Außerdem werden möglicherweise weiterhin Kommunikationskanäle, Angebote zur Neukundengewinnung oder spezifische Anreizmechanismen eingesetzt, die nicht zu langfristig werthaltigen Kunden führen. Zusätzlich treten **Defizite in der Kundenentwicklung** auf, weil More-, Up- und Cross-Sell-Potenzial nicht erkannt oder nicht auf geeignete Weise ausgeschöpft werden kann. Schließlich stellen sich auch **Defizite in der Kundenrückgewinnung** ein, weil bei dieser ein falscher Fokus vorliegt. So können u. U. auch „marginale Kunden" zurückgewonnen werden, die für das Unternehmen nur noch am Rande interessant sind. Ohne eine tiefgehende **Transparenz über die Wertschöpfung mit den eigenen Kunden** kann keine Optimierung bei Kundenakquisition und -betreuung erreicht werden.

3.2 Kundenbeziehungslebenszyklus als Orientierungsrahmen

In Abgrenzung zum klassischen Produktlebenszyklus steht beim Konzept des **Kundenbeziehungslebenszyklus** nicht das Produkt, sondern die Beziehung einer **einzelnen Person** oder **eines Unternehmens** bzw. einer entsprechenden **Gruppe von Personen oder Unternehmen** zu einem **spezifischen Unternehmen** im Mittelpunkt der Betrachtung. Dabei wird aufgezeigt, wie sich diese Beziehung (gemessen bspw. am Kundenwert) über die Zeit entwickelt. Dabei sind drei wichtige Kernphasen zu unterscheiden (vgl. Abb. 3.2):

- Interessenten-Management
- Kundenbindungs-Management
- Rückgewinnungs-Management

In der Phase des **Interessenten-Managements** geht es zunächst darum, eine Beziehung zum Unternehmen anzubahnen. In diese Phase fallen die Maßnahmen eines Unternehmens zur Akquisition neuer Kunden. Die Phase des **Kundenbindungs-Managements** beschreibt, wie sich ein Kunde im Zeitablauf entwickelt und

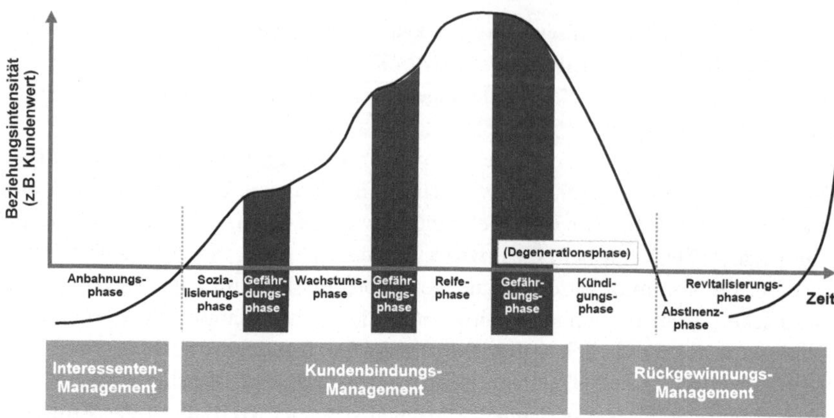

Abb. 3.2 Konzept des Kundenbeziehungslebenszyklus. (vgl. Stauss 2000, S. 16)

welche Subphasen er dabei durchlaufen kann. In dieser Phase können Unternehmen verschiedene Maßnahmen einsetzen, um den Kunden an das Unternehmen zu binden. Den Übergang von Kundenbindungs- zum **Rückgewinnungs-Management** wird geprägt von der Degenerationsphase, bei der die Beziehungsintensität abnimmt und der Kunde für das Unternehmen verloren zu gehen droht. Jede dieser Phasen geht – für jede Person bzw. jedes Unternehmen sowie für die entsprechenden Gruppen – mit spezifischen Anforderungen an das betreuende Unternehmen einher. Gerade die Instrumente des Dialog-Marketings ermöglichen, diesen Spezifika umfassend Rechnung zu tragen.

Bevor ein **Interessenten-Management** nach Abb. 3.2 erfolgen kann, ist im Rahmen des CRMs der Fokus zunächst auf die **akquisitionsorientierte Segmentierung** zu legen (vgl. Kreutzer 2013, S. 197 f.). Dabei wird – basierend auf den Akquisitionszielen und/oder auf den Erkenntnissen der Kundenwertermittlung – definiert, welche Zielsegmente ein Unternehmen ansprechen möchte („**Definition des Beuterasters**"). Damit wird festgelegt, auf welche Zielgruppe oder Zielgruppen das Marketing ausgerichtet werden soll.

Im Rahmen der **Interessenten-Gewinnung** können u. a. die folgenden Instrumente des Dialog-Marketings eingesetzt werden:

- Response-Anzeigen
- Beilagen, etwa in Zeitungen oder Zeitschriften
- Mailings
- Online-Marketing

- Telefonanrufe
- Außendienstbesuche

Neben den primär zur Zielgruppendefinition genutzten akquisitionsorientierten Segmentierungskriterien und -konzepten ist für die bereits gewonnenen Interessenten und Kunden eines Unternehmens eine **transaktionsorientierte Segmentierung** durchzuführen (vgl. Kreutzer 2013, S. 192). Diese kann bereits auf den Informationen aufsetzen, die im Zuge der Transaktionen zwischen Interessenten und Kunden einerseits und dem Unternehmen andererseits gewonnen wurden. Damit wird deutlich, dass die transaktionsorientierte Segmentierung eine viel größere Tiefe und Schärfe in der Segmentbeschreibung und -bearbeitung ermöglicht als die akquisitionsorientierte Segmentierung. Letztere kann häufig nur auf wenigen Basisdaten aufsetzen.

Im Zuge eines **individualisierten Interessenten- und Kunden-Managements** werden u. a. die folgenden Instrumente eingesetzt:

- Mailings
- E-Mails
- Newsletter (online/offline)
- Werbebriefprogramme für Interessenten und Kunden
- Telefonanrufe
- Außendienstbesuche
- Kundenkarten
- Kundenmagazine
- Kundenbindungsprogramme

Die Phase des **Kundenbindungs-Managements** umfasst mehrere Stufen, die wiederum verschiedene Anforderungen an das unternehmerische Marketing und insb. an die einzusetzenden Instrumente stellen. In der **Sozialisationsphase** sind die Kunden zunächst mit ihrem neuen Leistungspartner vertraut zu machen. Diesem Prozess schließt sich im Idealfall eine **Wachstumsphase** an, in der die Umsätze oder das Engagement der Zielpersonen steigen werden, weil man zu seinem neuen Anbieter bzw. Leistungspartner Vertrauen gefasst hat und zusätzliche Leistungen in Anspruch nimmt. Die **Reifephase** kann sich – in Abhängigkeit vom Leistungsangebot – nach wenigen Tagen, Wochen, Monaten oder Jahren einstellen.

Die zentrale Voraussetzung, um eine Beziehung zu Unternehmen aufzubauen, sind aussagefähige und qualitativ hochwertige Informationen. Dies beginnt zunächst mit der **Adresse**, die im Zuge des Interessenten-, spätestens im Zuge des Kundenbindungs-Managements gewonnen werden sollte. Denn nur bei Vorliegen

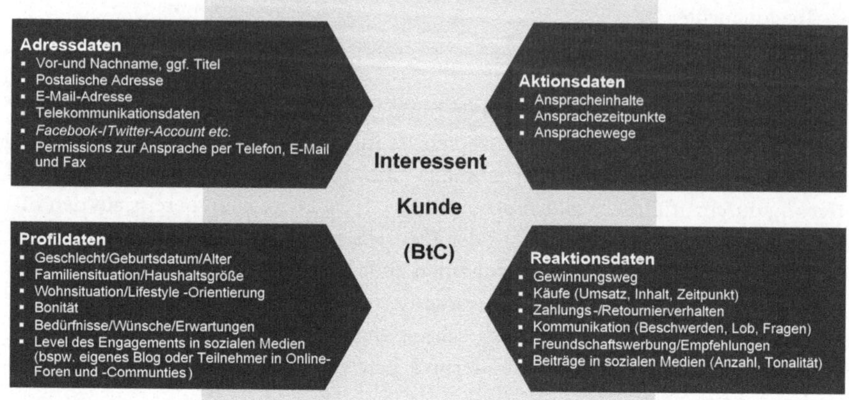

Abb. 3.3 Informationskategorien in Verbraucher-bezogenen Märkten (BtC für Business-to-Customer)

einer Adresse können weitere Botschaften – über welchen Kommunikationskanal auch immer – gezielt auf einzelne Personen bzw. Unternehmen ausgerichtet werden. Erst eine gezielte, vielfach individualisierte Ansprache und Betreuung lässt häufig längerfristig stabile Kundenbeziehungen entstehen. Unternehmen wie Parteien, Spendenorganisationen, Verbände und Vereine generieren aufgrund ihres Geschäftsmodells quasi automatisch die Adresse ihrer Kunden. Andere Unternehmen – wie bspw. Dritte-Welt-Läden – müssen diese – über Umwege – erst zu erfassen suchen. Welche weiteren Informationen von Belang sind, zeigt Abb. 3.3.

Dabei gilt das **Gesetz der Disproportionalität von Informationen**: Je mehr Informationen über einen Konsumenten bzw. einen Entscheidungsträger oder ein Unternehmen vorliegen, desto trennschärfer können Angebote platziert werden. D. h., wir benötigen mehr Informationen über Interessenten und Kunden, um diesen weniger, dafür aber relevante Informationen zu übermitteln.

Die Herausforderung besteht zusätzlich darin, die **Vielzahl an Informationen**, die über Interessenten und Kunden in den unterschiedlichsten Teilen eines Unternehmens auftreten, **an einer zentralen Stelle zusammenzuführen** und **zu konsolidieren**. So liegen im Controlling-Bereich Informationen zum Zahlungsverhalten, im Customer-Service-Center zu Anfragen, Bestellung, Reklamationen sowie im Retouren-Center eines Versenders Daten zum Rücksendeverhalten vor. Diese Informationen sind für alle kundenorientiert arbeitenden Funktionen verfügbar zu machen; dies kann ein Service-Center-Agent, ein Datenanalyst oder ein Kommunikations- oder Vertriebsverantwortlicher sein.

In Summe geht es um die Schaffung eines „**Single View of Customer**", d. h. einer system- und datentechnisch einheitlichen Sicht auf Kunden und Interessenten. Dieser Blick sollte dabei unabhängig davon sein, auf welchem Kanal welche Informationen gewonnen wurden. Im Kern geht es um den **Aufbau einer Datenbank**, in der diese unterschiedlichen Informationen auswertbar erfasst werden. Der Erfolg eines CRM geht mit dem Aufbau und der Pflege einer solchen Datenbank Hand in Hand. Dabei unterliegen die hier gespeicherten Daten einem hohen Veralterungsrisiko. Hier sind laufend spezifische Pflegemaßnahmen einzusetzen, damit die Daten der Zielpersonen (seien es Kunden oder Interessenten) ihre Aktualität nicht verlieren (vgl. weiterführend Kreutzer 2009).

Dialog-Marketing-Konzepte und -Instrumente

4

4.1 Akquisitionskonzepte

Unter **Neukundenakquisition** sind alle Maßnahmen zu verstehen, die ein Unternehmen einsetzt, um erstmalig Personen oder Unternehmen für den Einstieg in die Beziehung zum eigenen Unternehmen zu motivieren. Die Grundlage jeglicher Form von Neukundenakquisition stellt eine präzise **Definition der gewünschten Neukunden** dar. Dieses zielorientierte Vorgehen sollte sich an den in Abschn. 2 genannten Kriterien zur Definition des **Kundenwertes** orientieren. Zentral ist hierbei, dass ein erfahrungsgestütztes Vorgehen zum Tragen kommt, d. h., dass bei der Ausgestaltung von neuen Akquisitionsmaßnahmen auf den Erfahrungen früherer Aktionen aufgesetzt wird. Dies setzt voraus, dass deren Ausgestaltung sowie die dadurch gewonnenen Erkenntnisse nachvollziehbar dokumentiert und ggf. zentrale Erfolgsfaktoren herausgearbeitet wurden.

Zu den besonders **relevanten Akquisitionsinstrumenten des Dialog-Marketings** zählen die in Abb. 4.1 aufgezeigten Instrumente. Der Außendienst ist hier in der zentralen Position zu finden, weil dies nicht nur ein sehr effektives, sondern auch ein sehr kostenintensives Instrument zur Kundenakquisition darstellt.

Ein klassisches Instrument zur Kundengewinnung sind **Response-Anzeigen**, die in zielgruppenaffinen Zeitungen und Zeitschriften geschaltet werden und – im Gegensatz zu einer „normalen" Anzeige – eine unmittelbare Reaktion der angesprochenen Person auslösen sollen. Deshalb wird auch von einer (**Direct**) **Response-Anzeige** (auch DR-Anzeige) gesprochen. In Abb. 4.2 ist eine solche Response-Anzeige dargestellt, die unmittelbar zum Abschluss eines Abonnements des *Harvard Business-Manager* auffordert und dafür einen telefonischen, einen Internet-, einen Fax- und einen schriftlichen Rückkanal anbietet; für letzteren ist auf der Anzeige eine Antwortkarte aufgespendet (auch Postkarten-Anzeige genannt).

Wenn eine solche Maßnahme – wie in diesem Fall – unmittelbar zum Kauf motivieren soll, wird von einem **One-Shot** (auch **einstufige Maßnahme**) gespro-

R. T. Kreutzer, *Konzepte und Instrumente des Dialog-Marketings*, essentials,
DOI 10.1007/978-3-658-04954-6_4, © Springer Fachmedien Wiesbaden 2014

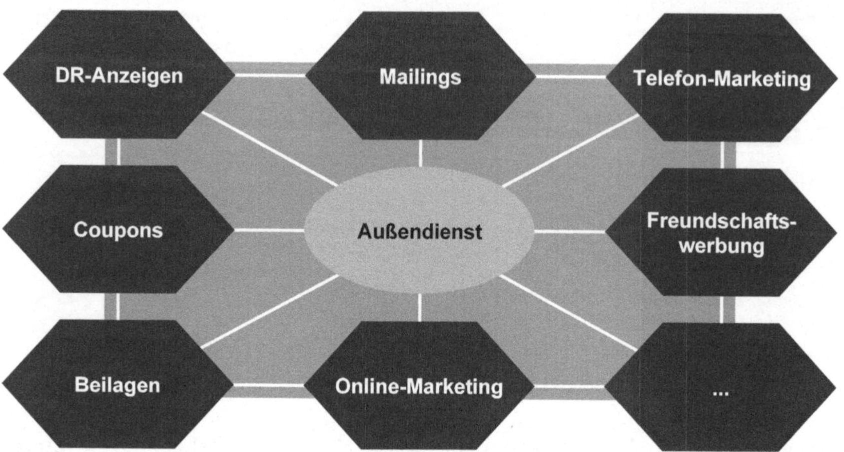

Abb. 4.1 Zentrale Akquisitionsinstrumente des Dialog-Marketings

Abb. 4.2 One-Shot-Response-Anzeige

chen, weil der Angesprochene gleichsam mit einem Anstoß als Kunde gewonnen werden soll. Wird dagegen im ersten Schritt lediglich versucht, Interessenten für ein bestimmtes Angebot zu gewinnen, so spricht man von einer **mehrstufigen Kampagne**. Eine solche ist in Abb. 4.3 zur Gewinnung von Teilnehmern für den Unternehmenswettbewerb „Erfolgsfaktor Familie 2012" des Familienministeriums zu sehen. Unternehmen, die auf eine solche Anzeige reagieren, erhalten zunächst den Interessenten-Status, von dem diese zu Teilnehmern an diesem Wettbewerb zu entwickeln sind.

Eine große Bedeutung bei der Interessenten- und Kundengewinnung kommt sogenannten **Coupons** zu. Teilweise sind solche Coupons in Scheckhefte eingebunden, wie sie bspw. an die Besucher einer Messe im Vorfeld versandt werden. Auf diese Weise sollen den Besuchern weitere Anreize vermittelt werden, bestimmte Aussteller zu besuchen. Solche Coupons können auch in Mailings eingebunden werden, um die Empfänger zu einer unmittelbaren Reaktion zu motivieren (vgl. Abb. 4.4). Auch hier werden „als Belohnung" verschiedene Anreize eingesetzt.

Ein intelligentes Konzept, um neue Interessenten und Kunden bzw. deren Adressen zu gewinnen, stellen Beilagen dar. Neue Interessenten und Kunden können durch **Werbebeilagen** gewonnen werden, die durch Zeitungen und Zeitschriften verteilt werden. Zu den Instrumenten des Dialog-Marketings zählen die Werbebeilagen, die einen **Mechanismus zur unmittelbaren Bestellung oder zur Abforderung von Informationen** vorsehen (vgl. Abb. 4.5). Durch die Auswahl des Trägers einer Werbebeilage kann eine mehr oder weniger präzise Zielgruppenselektion erfolgen. Je präziser die Zeitung oder Zeitschrift auf bestimmte Zielgruppen ausgerichtet ist, desto geringer werden die Streuverluste ausfallen.

Eines der wichtigsten Instrumente zur Akquisition von Interessenten und Kunden wie auch zur Betreuung der Kunden selbst stellt das **Mailing** dar, auch **Direct Mail**, **Werbebrief** oder in Abgrenzung zum E-Mail **White Mail** genannt. Eine direkte Ansprache von Wunsch-Kunden kann erfolgen, indem deren Adressen für werbliche Zwecke angemietet werden. Beim Mailing handelt es sich klassisch um eine papiergestützte werbliche Ansprache von Zielpersonen. Sie stellt die dominierende Werbeform im Dialog-Marketing dar. Die Ansprache durch ein Mailing kann dabei in verschiedenen Formen erfolgen:

- **Individuelle Einzelansprache**
  Die individuelle Einzelansprache erfolgt ausgerichtet auf jeden einzelnen Empfänger. Basierend auf der bisherigen Kundenhistorie (etwa bisher getätigte Käufe) oder auf weiteren Daten (bspw. eine anstehende Messebeteiligung oder ein anstehendes Jubiläum eines Vereins) erfolgt eine individuelle Ansprache.

Abb. 4.3 Response-Anzeige des Deutschen Familienministeriums im *manager magazin*

Abb. 4.4 Coupons als Beilage eines Mailings von *Kaufhof*

- **Persönliche Einzelansprache**
  Bei der persönlichen Einzelansprache wird eine größere Zielgruppe – bspw. Vereinsvorstände oder die PR-Verantwortlichen jeweils mit identischem Inhalt namentlich und damit persönlich angesprochen („Sehr geehrte Frau Paschen,…"). Eine weiterführende Individualisierung der Inhalte des Schreibens erfolgt dagegen nicht.

Die **individuelle Einzelansprache** dominiert im Kontext der Interessenten- und Kundenbetreuung. Sie setzt dabei auf die – idealerweise in einer systematisch aufgebauten und gepflegten Marketing-Database – gespeicherten Daten zum Profil sowie zur bisherigen Historie der betreuten Personen auf. Ihr kommt deshalb auch im Bereich der Kundenentwicklung und -bindung eine zentrale Bedeutung zu.

Eine **persönliche Einzelansprache** kann sich sowohl auf Zielkunden wie auf Interessenten und Kunden beziehen. Hier erfolgt eine Personalisierung lediglich im Hinblick auf den Namen, wie sie heute bei den meisten Mailings eingesetzt wird – auch von den Fundraising-Unternehmen (vgl. Abb. 4.6).

Grundlage derartiger Ansprachen können folglich sowohl die eigene Datei wie auch angemietete Adressbestände sein. Dabei können unterschiedliche Adresskollektionen zum Einsatz kommen. Der Entfall des Listenprivilegs 2009 und die Vorgabe, dass auch der Einsatz von postalischen Adressen einer Permission des Adressaten erfordert, hat allerdings zu einer massiven Ausdünnung des verfügbaren Adressangebotes geführt.

Telefon-Marketing gehört zu den wichtigen Instrumenten der Dialogkommunikation. Hierunter fällt zunächst das **Inbound-Telefon-Marketing** (i. S. hereinkommend; auch passives Telefon-Marketing). Hier nimmt eine Person mit dem Unternehmen Kontakt auf, um bspw. Informationen abzufordern oder eine erste Bestellung zu platzieren. Dem Inbound-Telefon-Marketing kommt über die Ak-

Abb. 4.5 Werbebeilage aus *MTA dialog*

Abb. 4.6 Personalisierte Einzelansprache durch das *Deutsche Rote Kreuz*

quisitionsphase hinaus auch im Rahmen der Kundenbetreuung als Leistung eines Customer-Service-Centers eine zentrale Bedeutung zu. Beim **Outbound-Telefon-Marketing** (i. S. hinausgehend; auch aktives Telefon-Marketing) suchen Unternehmensmitarbeiter oder entsprechende Dienstleister den direkten Kontakt zur Zielperson. Basierend auf den im Unternehmen bereits vorhandenen Daten können zur weiteren Informationsgewinnung sowie zum aktiven Verkauf **Outbound Calls** durchgeführt werden. Während bei solchen Anrufen bei Privatpersonen darauf zu achten, dass die für diese Ansprache notwendigen Permissions i. S. der Erlaubnisse zur telefonischen Kontaktaufnahme vorliegen, liegt nach der Definition des Gesetzgebers im B-to-B-Markt dann nach § 7 UGW (2) 2 keine „unzumutbare Belästigung" vor, wenn zumindest eine „mutmaßliche Einwilligung" des Angerufenen an den Angeboten des anrufenden Unternehmens vorliegt. Ein solches Telefonat ermöglicht vielfach eine differenzierte Informationsbeschaffung, die allerdings sehr zeit- und damit kostenaufwändig ist und deshalb sehr gezielt zum Einsatz kommen sollte.

Das Internet gewinnt für die Gewinnung und Betreuung von Zielpersonen eine immer größere Bedeutung (vgl. umfassend Kreutzer 2012). Die meisten Anzeigen im **Internet** sind als Direct-Response-Medium ausgestaltet. Banner, Sponsored Links und viele Homepages fordern den Besucher zur unmittelbaren Reaktion auf. Dabei geht es um die Bekanntgabe der E-Mail- oder der postalischen Adresse zur Zuleitung von weiteren Informationen, um das Abonnement eines (E-)Newsletters oder um die sofortige Anforderung eines Angebotes oder um einen unmittelbaren Kauf. Eine besondere Bedeutung im Online-Marketing kommt dabei der sogenannten **Suchmaschinen-Werbung** zu. Um bei Suchmaschinen wie *Google*, *Yahoo*

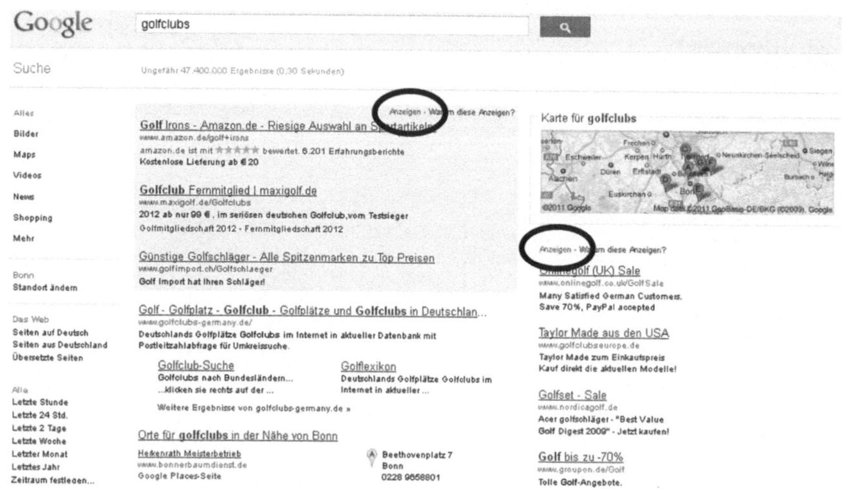

Abb. 4.7 Ergebnisse einer Suche nach „Golfclubs" über *Google* – mit Anzeigen/Sponsoren-Links

oder *Bing* auf der am stärksten wahrgenommenen ersten Seite der Suchergebnisse zu erscheinen, kann eine solche Position außerhalb der klassischen Treffer erkauft werden. Unter Transparenz- und Fairnessaspekten werden diese Suchergebnisse in getrennten Kategorien aufgelistet. Bei *Google* werden diese Treffer als „Anzeigen" und bei *Yahoo* als „Sponsoren-Links" gekennzeichnet. Darüber hinaus kann versucht werden, durch die Ausgestaltung der eigenen Webpräsenz und die Einpflege wichtiger Suchbegriffe die Trefferqualität bei Suchmaschinen unabhängig von gesponserten Links zu erhöhen. Abbildung 4.7 zeigt exemplarisch dadurch erzielbare Ergebnisse bei der Suche nach „Golfclubs". Eine führende Position bei den Treffergebnissen oder bei den gesponserten Links kann einen wesentlichen Beitrag zur Akquisition von Interessenten und Kunden leisten (vgl. weiterführend Kreutzer 2012, S. 196–214; Bischopinck und Ceyp 2008).

Unter **E-Mail** wird die Post bezeichnet, die auf elektronischem Wege über Computernetze von einem Internet-Nutzer zu einem oder mehreren anderen Nutzern übertragen wird. Während E-Mails aus der persönlichen und beruflichen Kommunikation nicht mehr wegzudenken sind, stoßen unverlangte und damit häufig auch unerwünschte **Werbe-E-Mails** auf immer größeren Widerstand der Internet-Nutzer. Diese nicht gewünschten Mails werden auch **SPAM** genannt. Dieser Begriff stand ursprünglich für Dosenfleisch (i. S. *Sp*iced H*am*, z. T. auch als *S*priced *P*ork *a*nd *M*eat bezeichnet) und versinnbildlicht, dass Mails in ein E-Mail-Postfach genauso hineingepresst werden wie das oben erwähnte Dosenfleisch. Der häufig **mas-**

senhafte Versand derartiger E-Mails (als **Spamming** oder **Spammen** bezeichnet) basiert vielfach auf illegal erworbenen E-Mail-Adressdateien. Oder es werden die von den E-Mail-Adressaten eingeräumten Permissions durch den Versender ignoriert, den man auch **Spammer** nennt.

Eine Erleichterung für E-Mail-Werbung bietet § 7 (3) UWG für Unternehmen, die im Zuge ihrer Geschäftstätigkeit mit den Kunden deren E-Mail-Adresse erhalten. Hiernach darf ein Unternehmen diese Adresse für eigene werbliche Zwecke einsetzen, solange der Kunde dem nicht widerspricht. Dabei handelt es sich um eine **Opt-out-Regelung**, weil der Kunde für den Ausstieg optieren muss, wenn er keine weiteren E-Mails erhalten möchte. Ein zielgruppenorientierter, wertschätzender Umgang mit Ist- oder Wunsch-Kunden sowie mit Interessenten, der gleichzeitig die rechtlichen Grundlagen berücksichtigt, setzt gültige Permissions für eine Kontaktaufnahme voraus (vgl. vertiefend Blind und Klinger 2012, S. 504 f.; zur weiteren Ausgestaltung des E-Mail-Marketing vgl. Kreutzer 2012, S. 278–315).

Diese Orientierung an den vorhandenen Permissions gilt auch für den Versand von **E-Mail-Newslettern**, die häufig zur Betreuung von Interessenten und Kunden eingesetzt werden. Unternehmen müssen bei jeder Ansprache darauf hinweisen, dass der Empfänger den Newsletter jederzeit wieder abbestellen kann. Die Herausforderung bei solchen Newslettern besteht in der **Abwägung zwischen** der erwünschten **Kommunikationsdichte des Unternehmens** (i. S. der Anzahl der versandten Newsletter) einerseits und den **Empfängerinteressen** andererseits, die es bei Konzeption und Versand von Newslettern konsequent zu berücksichtigen gilt. So kann ein Unternehmen das Interesse der Empfänger am Newsletter aufrecht und die Abmeldequote in Grenzen halten.

Dem Außendienst kommt im Zuge der Akquisition eine besondere Bedeutung zu. Der Einsatz eines Außendienstes zur Kundenakquisition und -betreuung erfolgt häufig bei hochwertigen, erklärungsbedürftigen Produkten und Dienstleistungen. Zum **Personal Selling** bzw. vom **persönlichen Verkauf** zählen nicht nur der **Besuch eines Mitarbeiters** im Auftrag eines Anbieters, um in anderen Unternehmen bestimmte Produkte oder Dienstleistungen anzubieten, sondern bspw. auch das **Verkaufsgespräch auf Messen**, **Verhandlungsrunden mit dem Kunden** und **telefonische Verkaufsgespräche**. Über einen Außendiensteinsatz können i. d. R. die höchsten Erfolgsquoten in der Kundenakquisition erzielt werden; allerdings geht sein Einsatz auch mit den höchsten Kosten einher. Deshalb muss sein Einsatz konsequent auf Basis erwarteter Kundenwerte gesteuert werden.

Eine nicht zu vernachlässigte Form der Neukundengewinnung stellt die **Freundschaftswerbung** (auch **Member-gets-Member – MGM**, **Tip-a-friend**; **Mund-zu-Mund-Propaganda**) dar. Dabei wird auch auf die bereits vorgestellten Dialog-Instrumente zurückgegriffen. Die Grundidee der Freundschaftswerbung ist, dass eigene Kunden andere Personen aus dem eigenen Umfeld für die Leistungen eines Unternehmens gewinnen und dafür belohnt werden. Diese Art der Werbung findet im BtC-Markt u. a. bei Zeitungs- und Zeitschriften-Abonnements, bei Mitgliedschaften in Fitness-Clubs, bei Versandhäusern, im Finanzdienstleistungssektor und bei Kundenbindungssystemen statt. Freundschaftswerbung ist eine besonders **glaubwürdige Werbeform**, da das „Verkaufsgespräch" auf einer persönlichen Beziehung basiert.

Bei einem **Werbebrief-Programm** (auch Dialog-Programm) handelt es sich um ein Bindungskonzept, welches sich auf eine **kommunikative Einbindung der Interessenten und Kunden** konzentriert. Diese sollen durch regelmäßige Kommunikationsanstöße mit dem eigenen Leistungsangebot vertraut gemacht und zur Inanspruchnahme motiviert werden. Zur Betreuung und Bindung von Interessenten hat sich hier der Begriff **IKP** (**Interessenten-Kontakt-Programm**) etabliert. Derartige Programme liefern die „Mechanik", um die über verschiedenste Wege generierten Interessenten-Adressen für ein Unternehmen zu bearbeiten, um Interessenten systematisch zu Kunden zu entwickeln.

Wie läuft ein solcher Prozess im Dialog-Marketing ab? Der Anbieter, bspw. eine Spendenorganisation, versucht zunächst, potenzielle Spender zu identifizieren. Hierzu können E-Mail-Newsletter, Mailings, Response-Anzeigen in den Printmedien oder Werbebanner im Internet eingesetzt werden. Wurden Informationen im Internet oder durch eine Anforderungskarte abgerufen, so wird eine bisher unbekannte Person als Interessent identifiziert, damit aus ihrer Anonymität herausgelöst und für weitere Maßnahmen adressierbar. Hat dieser Interessent bspw. vier Wochen nach Zustellung der Information noch nicht gespendet, wird durch sogenannte **Nachfass- oder Aktivierungs-Mailings** oder **-E-Mails** versucht, den Interessenten zum Spenden zu motivieren. Ggf. kann dazu auch eine telefonische Kontaktaufnahme erfolgen – entweder zentral oder durch den regional aufgestellten Außendienst.

Die oben beschriebenen Instrumente bieten einem Unternehmen im Vergleich zu klassischen Kommunikationsmaßnahmen den wichtigen Vorteil, dass der **Erfolg einer Maßnahme unmittelbar erfasst** werden kann. Bei einer Response-Anzeige kann die relevante zeitliche Rücklaufperiode in Abhängigkeit des Mediums wenige Tage (bei Tageszeitungen), mehrere Wochen (bei Wochentiteln) bzw. mehrere Monate (bei Monatstiteln) umfassen. Dann kann bspw. eine umfassende Auswertung der Aktion anhand der Bestellungen und/oder der angeforderten Informationen oder Außendienstbesuche erfolgen Bei Internet-basierten Maßnahmen kann stündlich oder täglich der Erfolg von Einzelmaßnahmen ermittelt und sehr kurzfristig aufgrund der erzielten Ergebnisse reagiert werden (vertiefend Kreutzer 2012).

Der Erfolg der dargestellten Dialog-Instrumente kann anhand mehrerer Kriterien bewertet werden. Wie aufgezeigt, besteht der Vorteil gegenüber der klassischen Kommunikation darin, dass sich Reaktionen i. d. R. unmittelbar auf bestimmte Anstöße und damit verbundene Kosten zurückführen lassen, auch wenn andere Kommunikationsaktivitäten (bspw. Image-Spots, PR-Maßnahmen, Sponsoring) eine verstärkende oder abschwächende Wirkung auf den Erfolg haben. Im Mittelpunkt einer solchen **Erfolgsanalyse** stehen u. a. die folgenden Kriterien:

- **Response-Quote**
  Anzahl der Personen, die die gewünschte Reaktion gezeigt haben (sei es bspw. eine Informationsabforderung, eine direkte Bestellung, eine Spende oder die Anforderung eines Außendienstbesuches), gemessen in Relation zur Gesamtzahl der angesprochenen Personen einer Aktion in Prozent
- **Bestell-Quote**
  Anzahl der Zielpersonen, die gekauft haben, in Relation zur Gesamtzahl der angesprochenen Zielpersonen einer Aktion in Prozent
- **Cost-per-Interest (CPI)**
  Teilung der Akquisitionskosten durch alle Interessenten einer Aktion, um die Kosten pro gewonnenen Interessenten zu ermitteln
- **Cost-per-Order (CPO)**
  Teilung der Akquisitionskosten durch alle Besteller einer Aktion, um die Kosten pro gewonnenen Besteller zu erfassen
- **Contacts-per-Order (ConPO)**
  Anzahl der Kontakte, die notwendig waren, um einen Interessenten erstmalig zum Kunden zu entwickeln
- **Einlösequote**
  Anzahl der Personen, die einen Coupon (bspw. aus einem Coupon-Scheckheft) eingelöst haben, in Relation zur Gesamtzahl der ausgegebenen Coupons einer Aktion in Prozent
- **Umsatz pro Coupon**
  Umsatz, den teilnehmende Personen bei einem Coupon-Einsatz durchschnittlich getätigt haben
- **Break-Even-Point**
  Ermittlung der Verkaufsmenge bei einer bestimmten Dialog-Marketing-Aktion, an dem die erzielten Umsatzerlöse und die Kosten der Aktion gleich hoch sind. An diesem Punkt wird weder ein Verlust noch ein Gewinn erwirtschaftet. Wird eine größere Anzahl als die zur Erreichung des Break-Even-Points notwendige verkauft, erzielt das Unternehmen einen Gewinn.

Die meisten für die Ermittlung dieser Kennzahlen vorhandenen Daten sind nach Abschluss der Aktion vorhanden und müssen u. U. „nur" aus verschiedenen Systemen zusammengeführt werden. Die hier vorgestellten Kennzahlen beziehen sich dabei schwerpunktmäßig darauf, aus abgeschlossenen Aktionen Erkenntnisse abzuleiten. Dabei wird von **Reporting** bzw. **Analysen** und damit von retrospektiven Konzepten gesprochen. Bei den oben aufgezeigten Kennzahlen werden somit Antworten auf die Fragen „Was ist passiert?" und z. T. auf die Frage „Warum ist es passiert?" geliefert. Im Idealfall kommt ein **Monitoring** zum Einsatz und zeigt Antworten auf die Frage „Was passiert momentan?", um bei Bedarf in den laufenden Prozess einzugreifen. Erst das **Data-Mining** erstellt auf der Basis von Entwicklungen in der Vergangenheit Vorhersagemodelle und liefert damit Antworten auf die Frage: „Was wird passieren?" (vgl. vertiefend Kreutzer 2009, S. 104–112).

4.2 Kundenbindungskonzepte

Bei der Ausgestaltung von Kundenbindungskonzepten sollte man sich vor Augen führen, dass das Ziel der **Kundenbindung** rein „unternehmensgetrieben" ist. Denn kein Kunde möchte i. d. R. „gebunden" oder „angebunden" werden. Deshalb ist bei der Entwicklung entsprechender Konzepte darauf zu achten, dass sich die Konzepte konsequent an den Erwartungshaltungen der Zielgruppe orientieren. Welche **Treiber der Kundenbindung** eingesetzt werden können, zeigt Abb. 4.8. Im Rahmen einer konkreten Kundenbeziehung sind dabei häufig mehrere Treiber gleichzeitig „aktiv".

Zur Erreichung einer Kundenbindung – i. S. einer Verlängerung der Geschäftsbeziehung – sollen ganz gezielt sogenannte **Wechselbarrieren** aufgebaut werden. Zielsetzung ist dabei, dass die eigenen Kunden „auf etwas Wesentliches" verzichten müssen, wenn sie ihren Lieferanten wechseln. Bei der **Entwicklung der Kundenbindungsstrategie** sind die in Abb. 4.9 aufgezeigten Fragestellungen zu beantworten. Zunächst ist das **Bezugsobjekt der Kundenbindung** zu definieren. Dies können einzelne Produkte oder Service, ein Vertriebskanal, eine Marke oder ein Unternehmen sein. Zusätzlich ist die **Zielgruppe der Kundenbindung** zu beschreiben. Dies können alle Kunden oder bspw. nur Top-Kunden sein, oder solche, die bereit sind, für eine Betreuungsleistung auch zu bezahlen.

Hier wird bereits deutlich, dass die Frage nach der Zielgruppe mit dem **Konzept der Kundenbindung** selbst eng verbunden ist. Im Rahmen eines Betreuungsprogramms können folgende spezifische Instrumente Verwendung finden, die speziell auf die Erhöhung der Kundenloyalität einzahlen sollen. Diese können dabei einzeln oder in Kombinationen zur Anwendung kommen:

Abb. 4.8 Generelle Treiber der Kundenbindung. (Modifiziert nach Meyer und Oevermann 2006, S. 3335)

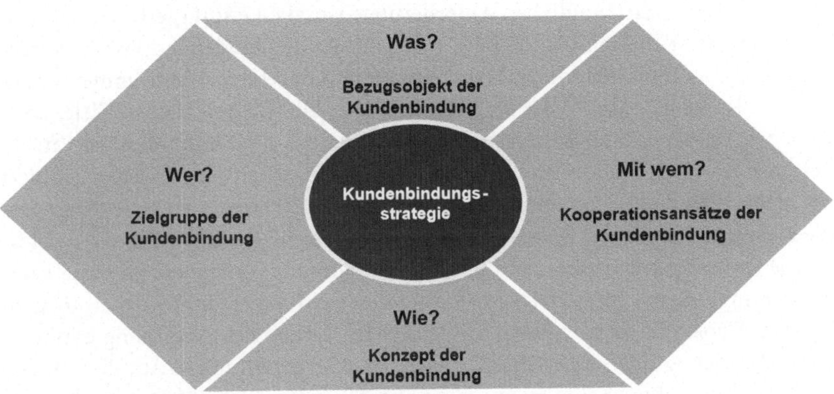

Abb. 4.9 Dimensionen der Kundenbindungsstrategie. (Adaptiert nach Homburg und Bruhn 2008, S. 19)

- Dialog-/Werbebriefprogramm
- Newsletter (offline und/oder online)
- Customer-Service-Center als Anlaufstelle für die betreuten Kunden (offline und/oder online)
- Kundenkarte

- Treuebelohnungsprogramm (bspw. mit einer Bonifizierung getätigter Umsätze)
- Vorteilsprogramm (mit eigenen sowie mit Leistungen von Kooperationspartnern)
- Kundenclub
- Kundenmagazin
- Online-Foren/-Communities
- Shop
- Events

Teilweise kommen zur Steigerung der Beziehung zwischen Unternehmen und ihren Zielpersonen umfassende Club-Konzepte zum Einsatz. Idealerweise sollte diese aktive Informationsbereitstellung durch die **Schaffung von Plattformen** ergänzt werden, die den interessierten Mitgliedern erlaubt, selbst aktiv zu werden. Hierzu bietet sich der Aufbau von **Chat-Rooms** zum nationalen oder weltweiten Informationsaustausch mit Interessenten wie auch zum Aufbau einer entsprechenden **Community** an. Ggf. können Mitglieder hier ihre Fragen einbringen, die von Anbieterseite kompetent beantwortet werden.

Bevor kundenbindende Programme gestartet werden, müssen neben den bereits oben definierten Zielen und den Anforderungen an die Leistungserbringung auch ganz konkrete Kriterien für die Bewertung der kundenbindenden Effekte festgelegt werden. Beim Scheitern von Kundenbindungskonzepten konnte immer wieder festgestellt werden, dass weder eine Klarheit über die zu erreichenden Ziele, noch über die relevanten **Messkriterien zur Erfassung der kundenbindenden Effekte** bestand. Aber wie soll der Erfolg gemessen werden, wenn dieser weder definiert noch Wege zu dessen Ermittlung festgelegt wurden? Deshalb ist es wichtig, dass die Konzepte zum differenzierten Controlling bereits in der Entwicklungs-, spätestens jedoch in der Startphase des Bindungsprogramms vorliegen. Nur dann kann ein kontinuierliches Messen der Effekte auf den beschriebenen Ebenen ermöglicht werden. Dabei gilt es, Milestones zu definieren, deren Nichterreichung entweder zur Rejustierung oder auch zum Abbruch der Aktivitäten führt. Auf diese Weise wird im Unternehmen ein Commitment zum Timing wie auch für die erwarteten Wirkungen sichergestellt. Dies ist für die erfolgreiche Gestaltung der Anlaufphase besonders wichtig (vgl. vertiefend Kreutzer 2009, S. 233–240).

5 Ausblick

Die Bedeutung des Dialog-Marketings hat in den letzten Jahren kontinuierlich zugenommen. Immer mehr Unternehmen haben entdeckt, dass die Instrumente des Dialog-Marketings eine große Bandbreite von Möglichkeiten bietet, fokussiert neue Kunden zu gewinnen. Darüber hinaus wird gerade in angespannten wirtschaftlichen Situationen deutlich, welche Bedeutung langfristig tragfähigen Beziehungen zu den Zielpersonen zukommt. Deshalb sind alle Organisationen gut beraten, die Möglichkeiten eines gezielten Einsatzes des Dialog-Marketings systematisch zu erfassen und hinsichtlich ihrer Ergebnisbeiträge für das eigene Unternehmen zu bewerten. Dabei sollte die zentrale Leitidee des Dialog-Marketings systematisch zum Einsatz kommen:

Testen, Testen, Testen

Denn nur selten lassen sich die Erfolgskonzepte von gestern eins zu eins auf das Morgen übertragen. Gleichzeitig unterscheiden sich die Erfolgsfaktoren deutlich, die zur Neukundengewinnung und Kundenbindung in verschiedenen Branchen ermittelt wurden. Und auch diese haben häufig keinen dauerhaften Bestand.

R. T. Kreutzer, *Konzepte und Instrumente des Dialog-Marketings*, essentials,
DOI 10.1007/978-3-658-04954-6_5, © Springer Fachmedien Wiesbaden 2014

Literatur

Bischopinck, Y. von, Ceyp, M.: Suchmaschinenmarketing – Konzepte, Umsetzung und Controlling für SEO und SEM, 2. Aufl. Springer, Heidelberg (2008)

Blind, J., Klinger, M.: Rechtliche Rahmenbedingungen des Online-Marketings. In: Kreutzer, R. (Hrsg.) Praxisorientiertes Online-Marketing, Konzepte – Instrumente – Checklisten, S. 491–511. Gabler, Wiesbaden (2012)

Deutsche Post.: Dialogmarketing Deutschland 2013, Dialog Marketing Monitor – Studie 25. Bonn (2013)

Helm, S., Günter, B.: Kundenwert – eine Einführung in die theoretischen und praktischen Herausforderungen der Bewertung von Kundenbeziehungen. In: Günter, B., Helm, S. (Hrsg.) Kundenwert – Grundlagen – Innovative Konzepte – Praktische Umsetzungen, 3. Aufl., S. 3–38. Gabler, Wiesbaden (2006)

Homburg, C., Bruhn, M.: Kundenbindungsmanagement – Eine Einführung in die theoretischen und praktischen Problemstellungen. In: Bruhn, M., Homburg, C. (Hrsg.) Handbuch Kundenbindungsmanagement, 6. Aufl., S. 3–37. Gabler, Wiesbaden (2008)

Kreutzer, R.: Messen 2020: Auf neuen Wegen zu erfolgreichen Messen. In: AUMA (Hrsg.) Messewirtschaft 2020 – Zukunftsszenarien, S. 79–96. Berlin (2007)

Kreutzer, R.: Praxisorientiertes Dialog-Marketing, Konzepte – Instrumente – Fallbeispiele. Gabler, Wiesbaden (2009)

Kreutzer, R.: Praxisorientiertes Online-Marketing, Konzepte – Instrumente – Checklisten. Wiesbaden (2012)

Kreutzer, R.: Praxisorientiertes Marketing, Grundlagen – Instrumente – Fallbeispiele, 4. Aufl. Gabler, Wiesbaden (2013)

Meyer, A., Oevermann, D.: Kundenbindung. In: Handelsblatt (Hrsg.) Wirtschaftslexikon, Das Wissen der Betriebswirtschaftslehre, S. 3334–3343. Stuttgart (2006)

Stauss, B.: Perspektivenwandel: Vom Produkt-Lebenszyklus zum Kundenbeziehungs-Lebenszyklus. Thexis 17(2/2000):15–18 (2000)

R. T. Kreutzer, *Konzepte und Instrumente des Dialog-Marketings*, essentials,
DOI 10.1007/978-3-658-04954-6, © Springer Fachmedien Wiesbaden 2014